いろを ぬろう

おうちの方へ
色を観察し、認識する力を養います。「黄色はバナナの色だね」など身近なものを例に、何がどんな色をしているか、お子さまと話しましょう。

がつ　にち

がんばったね
できたら いろを ぬってね

プリンセス《ぷりんせす》たちと いっしょに、ドリル《どりる》を がんばりましょう！
それぞれの リボン《りぼん》に いろを ぬってね。

アリエル《ありえる》
みどり
シンデレラ《しんでれら》
みずいろ
ベル《べる》
きいろ
しらゆきひめ
あか
ムーラン《むーらん》
あお
ジャスミン《じゃすみん》
むらさき

さがしもの

おうちの方へ

観察力と集中力を養います。何をしたらいいかお子さまが戸惑っていたら、出題された3つのものが何かを、親子で話すところから始めましょう。

シンデレラ《しんでれら》が　まほうで　すてきな
ドレス《どれす》すがたに　へんしん！
えの　なかから、したの　3《みっ》つを
さがしてね。

がつ

にち

がんばったね

できたら
いろを
ぬってね

さがしもの②

おうちの方へ

問題を解く前に、じっくりと絵をながめるところから始めてもいいですね。情景を楽しみ、目にとまったものを指さしながら、同じ絵をさがしましょう。

アリエル《ありえる》は　うみの　おうこくの
プリンセス《ぷりんせす》なの。
えの　なかから、したの　3《みっ》つを
さがしてね。

がつ

にち

がんばったね

できたら
いろを
ぬってね

せんを かこう

おうちの方へ

運筆力を養うおけいこです。最初はゆっくりと指で何度か線をなぞって、慣れてからクレヨンなどで描くといいでしょう。

ラプンツェル《らぷんつぇる》が よぞらを みあげて いるわ。
ながれぼしが はしる せんを ⇐から なぞってね。

がつ

にち

がんばったね

できたら いろを ぬってね

せんを かこう②

おうちの方へ

手指や手首を自在にあやつって、思いどおりに線を引けるようになるには、時間がかかります。焦らせずにじっくりと取り組みましょう。

メリダ《めりだ》は　やを　いるのが　じょうずなのよ。
やが　とぶ　せんを　←から　なぞってね。

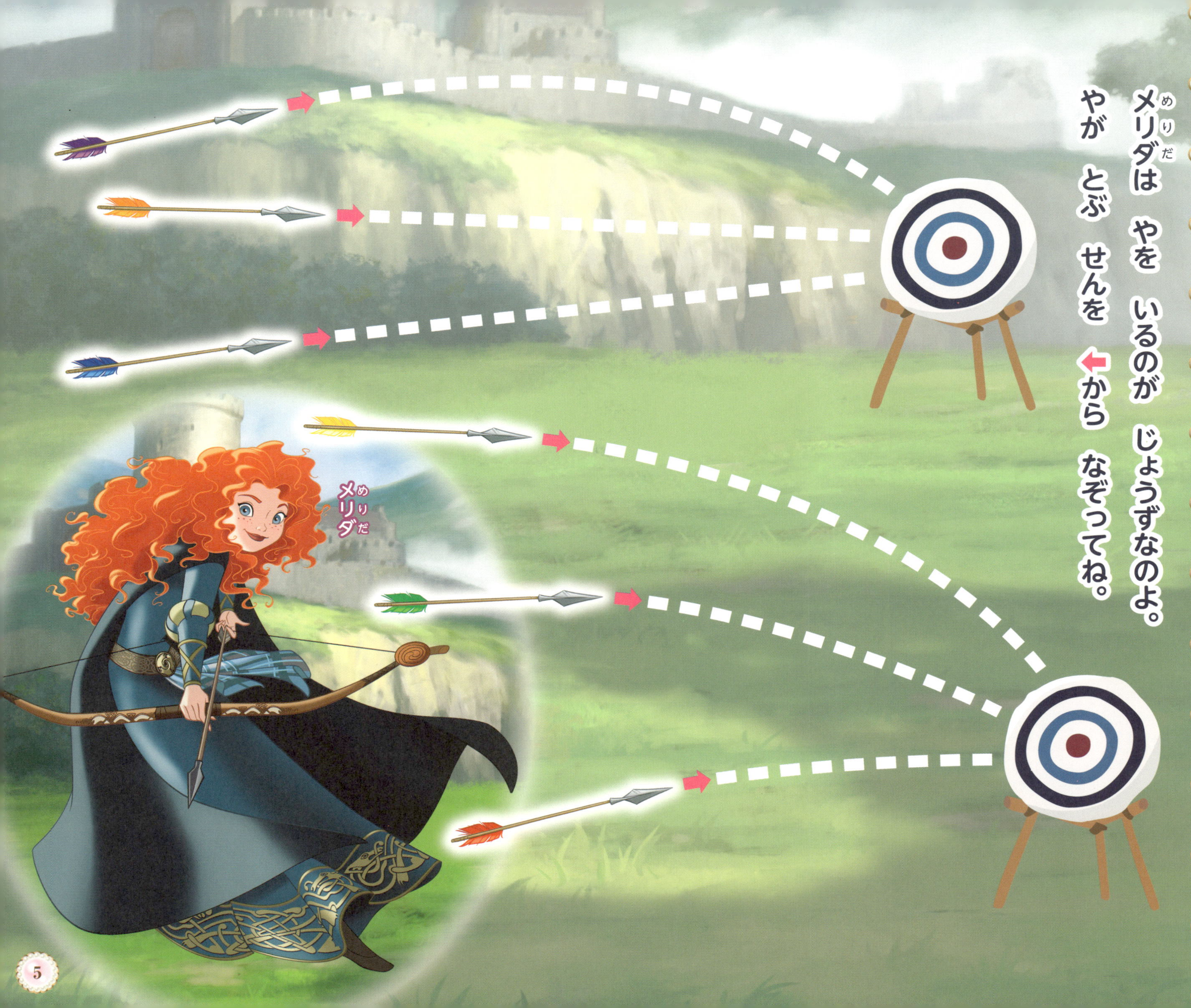

がつ

にち

がんばったね

できたら
いろを
ぬってね

運筆力

せんを かこう③

おうちの方へ
運筆力を養うおけいこです。少し難易度を上げて、小さなカーブを描く線も練習しましょう。最初は一気に描けなくてもかまいません。

りすたちは オーロラ《おーろら》ひめに おはなを あげたいの。
りすが きを おりる せんを ←から なぞってね。

がつ
にち

がんばったね
できたら いろを ぬってね

せんを かこう④

おうちの方へ

空を飛んでいる情景を思い描きながら、運筆のおけいこをしましょう。難しければ、指で何度かなぞってからクレヨンなどを使うといいですね。

ジャスミン《じゃすみん》が さっそうと そらを とんで いるわ。

とりが とぶ せんを ←から なぞってね。

がつ

にち

がんばったね

できたら いろを ぬってね

せんを かこう⑤

おうちの方へ
「かえるさんが、ぴょーんととんでいるよ」「大きいジャンプや宙返りもしているね」など、シーンを楽しみながらおけいこしましょう。

かえるが とぶ せんを ←から なぞってね。
ナビーン《なびーん》おうじは ティアナ《てぃあな》の ところへ いけるかな？

がつ

にち

がんばったね

できたら いろを ぬってね

せんを かこう⑥

おうちの方へ

ちょうがひらひらと舞う、少し難しい線になります。最初からじょうずに描けなくてもかまいません。じっくりとなぞらせましょう。

ベル《べる》の まわりに ちょうが いっぱいよ！

ちょうが とぶ せんを ←から なぞってね。

がつ

にち

がんばったね

できたら いろを ぬってね

いろを ぬろう②

おうちの方へ
円の周囲の色を観察する力を養います。「ほかに黄色のものはあるかな？」など、身近なものの色に目を向けるよう促してもいいですね。

どの くだものも おいしそう！
しろく あいた ところを、
まわりと おなじ いろで
ぬってね。

がつ にち

がんばったね
できたら いろを ぬってね

おなじ ものは どれ？

おうちの方へ

観察力や判断力を養います。迷っているようなら、「宝石の色は何色？」「宝石はいくつ？」など、考える手がかりをあげるといいでしょう。

がつ

にち

がんばったね

できたら いろを ぬってね

ティアラ《てぃあら》を つけた プリンセス《ぷりんせす》たちは、
とても すてきね！
みほんの ティアラ《てぃあら》は
だれの ティアラ《てぃあら》かしら？
まるを つけてね。

みほん

観察力

おなじ ものは どれ？②

おうちの方へ

色や形を手がかりにして観察しましょう。答えがわかったら、色から連想して飲み物の名前を当てさせるなど、ゲームに発展させてもいいですね。

がつ

にち

がんばったね

できたら いろを ぬってね

みほんと おなじ のみものや たべものは どれかな？ まるで かこんでね。

おなじ ものは どれ？③

おうちの方へ

色や形を手がかりにして同じものをさがします。見本の花にはどんな特徴があるか、じっくりと観察してから進めましょう。

がつ　にち

がんばったね

できたら
いろを
ぬってね

モアナ《もあな》が　おはなを　つんだよ。
みほんと　おなじ　おはなは
どれかな？
まるで　かこんでね。

みほん

しまには　いつも
たくさんの　おはなが
さいて　いるの！
モアナ《もあな》
プア《ぷあ》

いくつかな？

おうちの方へ

数をかぞえたり、数字に親しんだりするおけいこです。数字を身の回りにあるものに見立てていきます。指でなぞって覚えていきましょう。

1 いち ひとつ

バッグ《ばっぐ》が 1つ《ひと》 あるよ。
おおきな こえで かぞえてね！

すうじの 1《いち》は、
ろうそくの かたちに にて いるよ。
ゆびで なぞってね。

いつも ようきな
ルミエール《るみえーる》。
まわりを あかるく
てらすの。

がつ

にち

がんばったね

できたら
いろを
ぬってね

いくつかな？②

おうちの方へ

ティアラを一つひとつ指でさしながら、大きな声で「1、2」とかぞえましょう。指を2本立てて見せながら、一緒にかぞえてもいいですね。

がつ

にち

がんばったね

できたら いろを ぬってね

ふたつ **2** に

ティアラ《てぃあら》が **2**《ふた》**つ** あるよ。おおきな こえで かぞえてね！

ようせいたち
ティアラ《てぃあら》は プリンセス《ぷりんせす》の あかしなのよ♡

すうじの **2**《に》は、はくちょうの かたちに にて いるよ。ゆびで なぞってね。

いくつかな？③

おうちの方へ

「雪だるまの目はいくつ？」「胸の黒いボタンはいくつかな？」など、本書の絵をおおいに利用して、楽しく数をかぞえてみてもいいですね。

3《さん》《みっつ》

かざりが 3《みっ》つ あるよ。
おおきな こえで かぞえてね！

すうじの 3《さん》は、
ゆきだるまの かたちに
にて いるよ。
ゆびで なぞってね。

みんなで ゆきだるまを つくりましょ！
チップ《ちっぷ》
コグスワース《こぐすわーす》
ポット《ぽっと》ふじん

がつ
にち

がんばったね
できたら いろを ぬってね

いくつかな？④

おうちの方へ
数が大きくなってきました。花を指でさしながら、ゆっくりと数をかぞえましょう。指を立て、指の本数でかぞえる方法も教えてあげてください。

がつ

にち

がんばったね

できたら いろを ぬってね

よっつ **4** しよん

おはなが 4《よっ》つ あるよ。
おおきな こえで かぞえてね！

すうじの 4《よん》は、
ヨット《よっと》の かたちに にて いるよ。
ゆびで なぞってね。

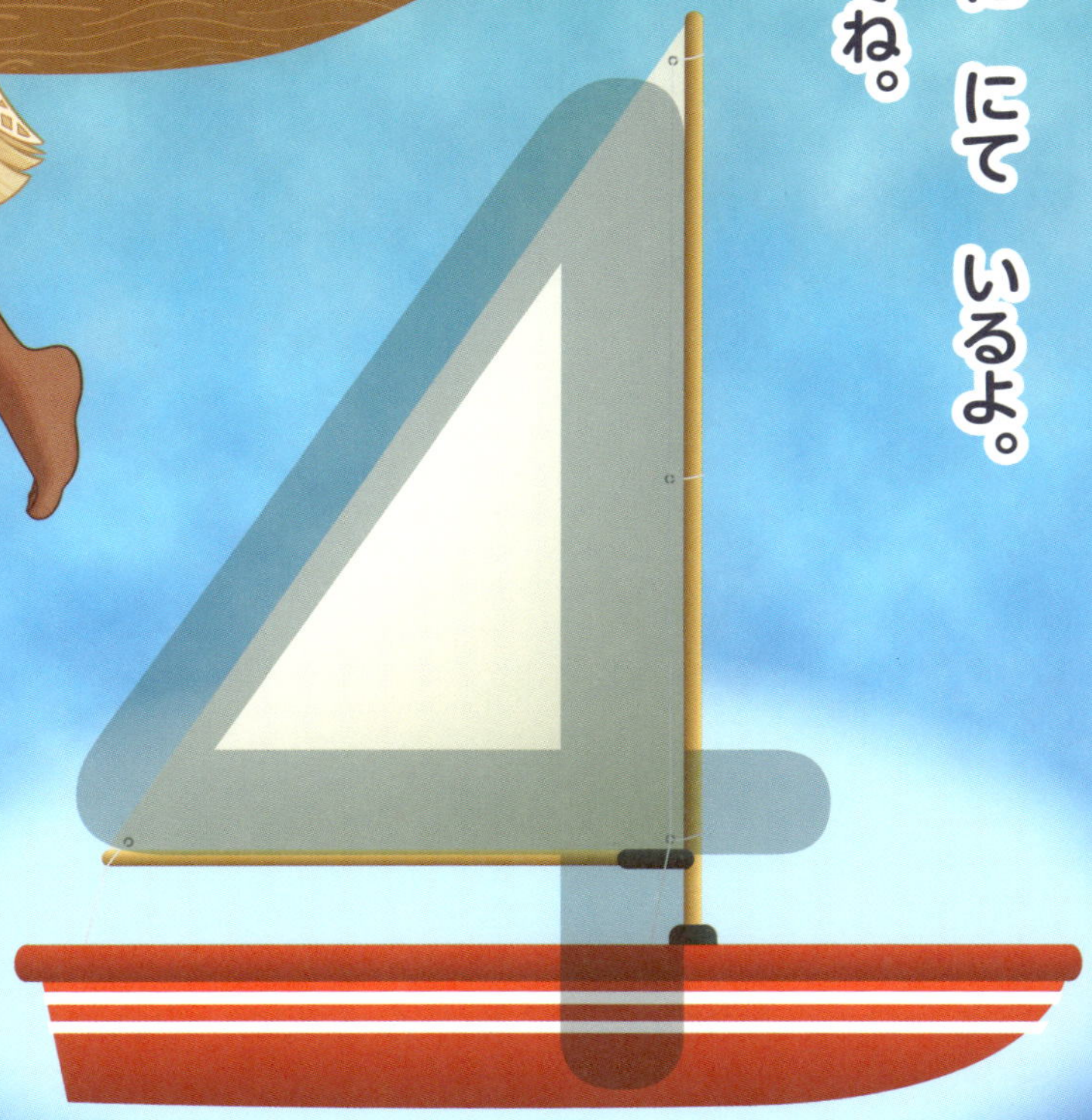

いくつかな？⑤

おうちの方へ
形がちがってもどれもカチューシャであることを理解し、数をかぞえられるようおけいこします。一つひとつ指差しながら、しっかりかぞえましょう。

がつ
にち

がんばったね
できたら いろを ぬってね

5 ご
いつつ

かみかざりが 5つ《いつ》 あるよ。
おおきな こえで かぞえてね！

すうじの 5《ご》は、
さくらんぼの かたちに にて いるよ。
ゆびで なぞってね。

さくらんぼの ケーキ《けーき》よ。
いい におい！

ドレス どれかな？

おうちの方へ
同じドレスをさがします。少しまぎらわしいものも混ざっているので、色や形、宝石の有無などをよく見てさがすよう促しましょう。

ジャスミン《じゃすみん》が
おめしかえよ。
ドレス《どれす》と、
ドレス《どれす》を　きた
すがたを
せんで　つないでね。

あなたは
どの　ドレス《どれす》が　すき？

がつ
にち

がんばったね
できたら いろを ぬってね

せんを かこう⑦

おうちの方へ

雪あそびの光景を想像しながら、楽しく運筆をおけいこしましょう。慣れてきたら、自由な発想で線を描き足してもかまいません。

がつ　にち

がんばったね

できたら いろを ぬってね

ゆきあそびって たのしいわね！ ゆきだまが とぶ せんや、
そりが すべる せんを ←から なぞってね。

せんを かこう⑧

おうちの方へ

短い線がジグザグになっているので、少し難しいかもしれません。最初からじょうずに描けなくてもかまいません。じっくりとなぞらせましょう。

がつ　にち

がんばったね

できたら いろを ぬってね

きょうは たのしい ピクニック《ぴくにっく》！

くさの せんや、おはなの せんを ←から なぞってね。

運筆力

せんを かこう⑨

おうちの方へ

円を描いてみましょう。最初から一筆で円を描くのは難しいので、指でなぞって一筆で描けるようになってから、クレヨンなどを使うのがおすすめです。

アリエル《ありえる》が シャボン《しゃぼん》だまを
ふいて いるわ！
シャボン《しゃぼん》だまの まわりを
なぞってね。

がつ

にち

がんばったね

できたら いろを ぬってね

せんを　かこう⑩

おうちの方へ

ここでは大きな弧を描きます。最初から一筆で描けなくてもかまいません。途中で手を休めていいので、大きなカーブに挑戦しましょう。

がつ

にち

がんばったね

できたら
いろを
ぬってね

ラプンツェル《らぷんつぇる》が　にじの
えを　かくんですって！
にじの　せんと、くもの
せんを　なぞってね。

せんを かこう⑪

おうちの方へ

連続円はかなり難しい線になります。お子さまが描きやすいところで、いくつかに区切って描いてもかまいません。じっくりとなぞりましょう。

シンデレラ《しんでれら》たちが ワルツ《わるつ》を おどって いるわ！
くるくる まわる せんを なぞってね。

がつ

にち

がんばったね

できたら いろを ぬってね

せんを かこう⑫

おうちの方へ

いろいろな曲線が組み合わさった、難しいけれど楽しい運筆のおけいこです。じっくりとなぞって、慣れてからクレヨンなどを使うようにしましょう。

がつ

にち

がんばったね

できたら いろを ぬってね

なかまたちと いる アリエル《ありえる》は たのしそうね！
アリエル《ありえる》や いるかの からだの せんを なぞってね。

あいさつ、なにかな？

おうちの方へ

あいさつとそのタイミングを、絵とともに正しく覚えましょう。のびをしたり、寝るまねをしたりしながら言ってみると、楽しく理解が進みます。

あさの　あいさつと、よるの　あいさつを　おおきな　こえで　いって　みよう！　はブラシ《ぶらし》の　せんも　なぞってね。

がつ

にち

がんばったね

できたら
いろを
ぬってね

あいさつ、なにかな？②

おうちの方へ

ここでは食事にまつわるあいさつを覚えましょう。目玉焼きで運筆のおけいこも一緒にすることで、食事とあいさつをしっかりひもづけます。

がつ
にち

がんばったね

できたら
いろを
ぬってね

たべる まえの あいさつと、たべた あとの あいさつを
おおきな こえで いって みよう！
おさらの めだまやきも なぞってね。

いただきます。

ごちそうさまでした。

めいろあそび

おうちの方へ

道の先が続いているか、城へ向かっているかなど、物事を見通す力を養います。指でなぞってみてから、クレヨンや鉛筆で線を描いてもいいですね。

ばしゃに のって、シンデレラ《しんでれら》が おしろに むかう ところなの。

→から →まで せんを かいてね。

がつ

にち

がんばったね

できたら
いろを
ぬってね

じゅんばんめいろ

おうちの方へ

規則性という考え方をおけいこします。1マスずつ立ち止まり、「ピンクの次は何色かな？」と、ルールを確かめながら進むように促しましょう。

がつ　にち

の じゅんばんで アイス《あいす》を たどって、
ゴール《ごーる》へ いってね。
いちど とおった みちは、
にどめは とおれないよ。

あつい とき、あなたは
なにを たべたく なる？

がんばったね

できたら
いろを
ぬってね

さがしもの③

おうちの方へ

観察力と集中力を養います。魔法のじゅうたんは、お子さまになじみが薄いものなので、『アラジン』の物語を教えながら一緒に解きましょう。

ランプ《らんぷ》の　せい、ジーニー《じーにー》が
ジャスミン《じゃすみん》に　「こんにちは」。
えの　なかから、したの
3《みっ》つを　さがしてね。

がつ

にち

がんばったね

できたら
いろを
ぬってね

さがしもの④

おうちの方へ

さがす対象がシルエットになっているので、難易度が少し上がります。形に注目するように促しましょう。注意力や観察力も鍛えられます。

しらゆきひめが　どうぶつたちを
つれて、おさんぽして　いるわ。
くろい　かげは、したの　3《みっ》つの
どれかな？　ゆびで　さしてね。

がつ
にち

がんばったね

できたら
いろを
ぬってね

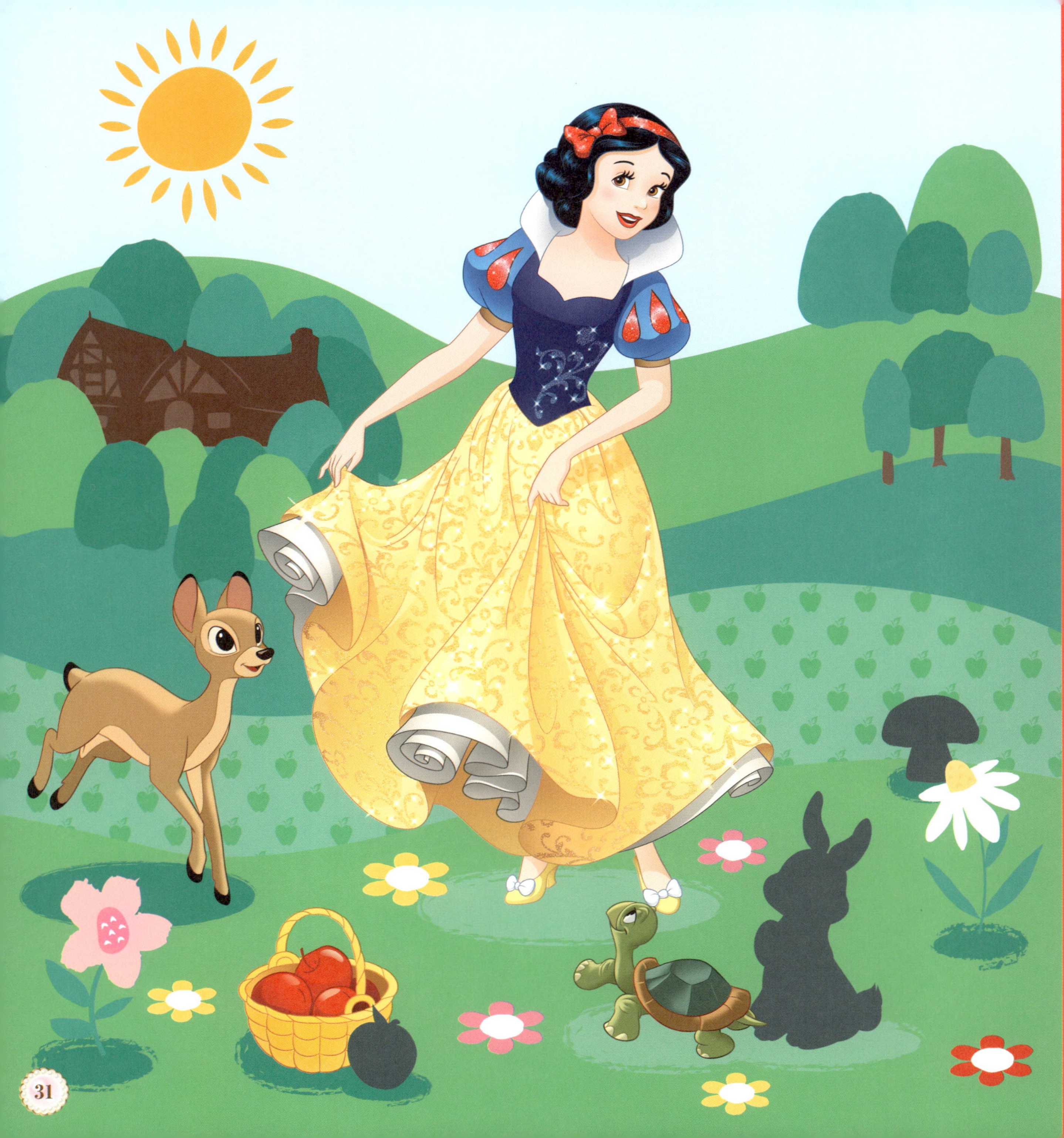

推理力

さがしもの⑤

おうちの方へ

さがす対象が何で、どんな形をしているかを観察してから挑むといいですね。名前を先に当てさせて、観察するきっかけを与えましょう。

がつ

にち

がんばったね

できたら
いろを
ぬってね

ラプンツェル《らぷんつぇる》が　おおぞらに
ランタン《らんたん》を　とばして　いるわ。
くろい　かげは、したの　3つ《みっ》の
どれかな？　ゆびで　さしてね。

ともだちは　どこ？

おうちの方へ

動物たちは上段と下段でちがうポーズをとっています。上段でしっかりと何の動物かを観察しておくと、答えがさがしやすくなります。

がつ　にち

がんばったね

できたら
いろを
ぬってね

どうぶつたちは、ともだちの　プリンセス《ぷりんせす》の　ところへ　いきたいの。

●と　●を、せんで　つないでね。

1《ひと》つずつ わけよう

おうちの方へ
「一対一」という考え方を身につけます。仲良く均等に分けるという考え方は、のちに社会性につながったり、割り算のベースになったりします。

がつ　にち

がんばったね
できたら いろを ぬってね

メリダ《めりだ》が、くまの おとうとたちに りんごを あげるよ。
ひとりに 1《いっ》こずつ わけよう。
くまと りんごを せんで つないでね。

くまに かえられた みつごの おとうとたち

おとうとたちは やんちゃで げんきいっぱい！

2つずつ わけよう

おうちの方へ
レベルを上げて、「一対二」を身につけます。難しければ、最初は一人にひとつずつ、「残りをもうひとつずつ分けようね」と導きましょう。

ティアナ《てぃあな》が つくった ドーナツ《どーなつ》を、
おともだちに 2《に》こずつ わけよう。
ドーナツ《どーなつ》と おともだちを
せんで つないでね。

ルイス《るいす》

ナビーン《なびーん》おうじ

がつ

にち

がんばったね

できたら
いろを
ぬってね

いくつかな？⑥

おうちの方へ

数をかぞえたり、数字に親しんだりするおけいこです。最初にものの数をしっかりとかぞえてから、対応する数字をさがすようにしましょう。

さくらんぼの　かずに　あう
すうじは　どれかしら？
●と　●を、せんで
つないでね。

おともだちの
ねずみさんたちよ♡

1

2

3

がつ

にち

がんばったね

できたら
いろを
ぬってね

いくつかな？⑦

おうちの方へ
レベルを上げて4つ・5つまでかぞえます。わからなくならないよう指でリボンをひとつずつさしながら、数をかぞえることが肝心です。

リボン《りぼん》の　かずに　あう
すうじは　どれかしら？
●と　●を、せんで
つないでね。

2 ●

4 ●

5 ●

どれも
かわいい
リボン《りぼん》ね♡

がつ

にち

がんばったね

できたら
いろを
ぬってね

どちらが おおい？

おうちの方へ

ぱっと見ての印象だけで答えていませんか？ それぞれの数をかぞえたうえで比較し、根拠をもって答えを出すよう導いてあげましょう。

がつ

にち

がんばったね

できたら いろを ぬってね

おはなの かずが おおいのは どっち？ おおい ほうに まるを つけてね。

おはなで かみを かざりましょ！

どちらが おおい？②

おうちの方へ
洞察力のあるお子さまだと、道の有無を見越して進んでしまうかもしれません。数をかぞえ、根拠をもって道を進むようサポートしましょう。

がつ　にち

がんばったね
できたら いろを ぬってね

クリスマス《くりすます》の かざりが あるわ。
↔で かざりが おおい ほうを
えらんで、→まで すすんでね。

識別力

いろあわせ

おうちの方へ

もののちがいを見分ける識別力を養います。最初に花の色が同じものをさがさせ、次に花瓶の色を見比べるなど、段階を踏むよう導いてあげましょう。

おはなと かびんの いろが、みほんと おなじ くみあわせなのは どれ？ まるを つけてね。

みほん

おへやに おはなを かざりましょう！

がつ

にち

がんばったね

できたら いろを ぬってね

おなじ いろは どれ？

おうちの方へ

マフラーに使われている2色をさがします。一度に答えるのが難しそうなら、ピンクの部分と黄色の部分をさして別々に当てさせましょう。

ラプンツェル《らぷんつぇる》が マフラー《まふらー》を あんだの。
ひだりの えの マフラー《まふらー》は、
どの いろの けいとを
つかったのかな？
2つ《ふた》 まるで
かこんでね。

がつ

にち

がんばったね

できたら
いろを
ぬってね

観察力

くらべっこしよう

おうちの方へ
ものの大小を比較する問題です。大小の概念をしっかり育むためにも、「小さいほうはどっち？」という問いかけもあわせてしてみましょう。

かもの　おやこが　いるよ。
おかあさんと　こども、
どっちが　おおきい？
まるを　つけてね。

よちよちあるきで、
がんばって　おかあさんに
ついて　いって　いるよ！
おかあさん
こども

がつ
にち

がんばったね
できたら
いろを
ぬってね

観察力

くらべっこしよう②

おうちの方へ

長さを比較する問題です。まだ長短が難しいお子さまには、リボンやズボンなど身近なもので実際の長い例・短い例を見せ、導いてあげましょう。

がつ　にち

がんばったね

できたら いろを ぬってね

ピンク《ぴんく》の リボン《りぼん》と
みずいろの リボン《りぼん》、
どっちが ながい？
まるを つけてね。

くらべっこしよう③

おうちの方へ

高さを比較する問題です。高い・低いの例は、身長やいすの背など身の回りにいろいろあります。実例をたくさん示してあげましょう。

がつ

にち

がんばったね

できたら いろを ぬってね

ベル《べる》が よんだ ほんが、
たくさん つみかさなって
いるわ。
ほんの やまが
たかいのは どっち？
まるを つけてね。

よみはじめると、むちゅうに なって しまうの！
やじゅう

おなじ ものは どれ？④

おうちの方へ

同じ貝のペアが3組。お子さまが見つけやすい貝はどれでしょう？ さがせた1組をまず線で結ばせ、残り2組を観察するようにしましょう。

がつ

にち

がんばったね

できたら いろを ぬってね

おなじ かいは、 どれと どれかな？ せんで つないでね。

かいを みみに あてると、 うみの おとが きこえるのよ。

観察力

おなじ ものは どれ？⑤

おうちの方へ

ひとつしかない靴を見つけだします。靴の絵は左右で逆の向きになっているので、形でなく色や特徴に注目させ、1足ずつ同じ靴をさがしていきましょう。

がつ

にち

がんばったね

できたら
いろを
ぬってね

おなじ くつは、
どれと どれ？
ゆびで さしてね。
かたほうだけの くつが
1《ひと》つ あるから、
まるで かこんでね。

おとして しまった、
ガラス《がらす》の くつかしら？

識別力

ドレス どれかな？②

おうちの方へ

色ちがいのドレスが引っかけになっています。正解のドレスは前から見た姿であることを教えて、お子さまの想像力を刺激してあげましょう。

しらゆきひめに おにあいの ドレス《どれす》ね。
これと おなじ ドレス《どれす》は、
ひだりの 4《よっ》つの うち、
どれかしら？
まるを つけてね。

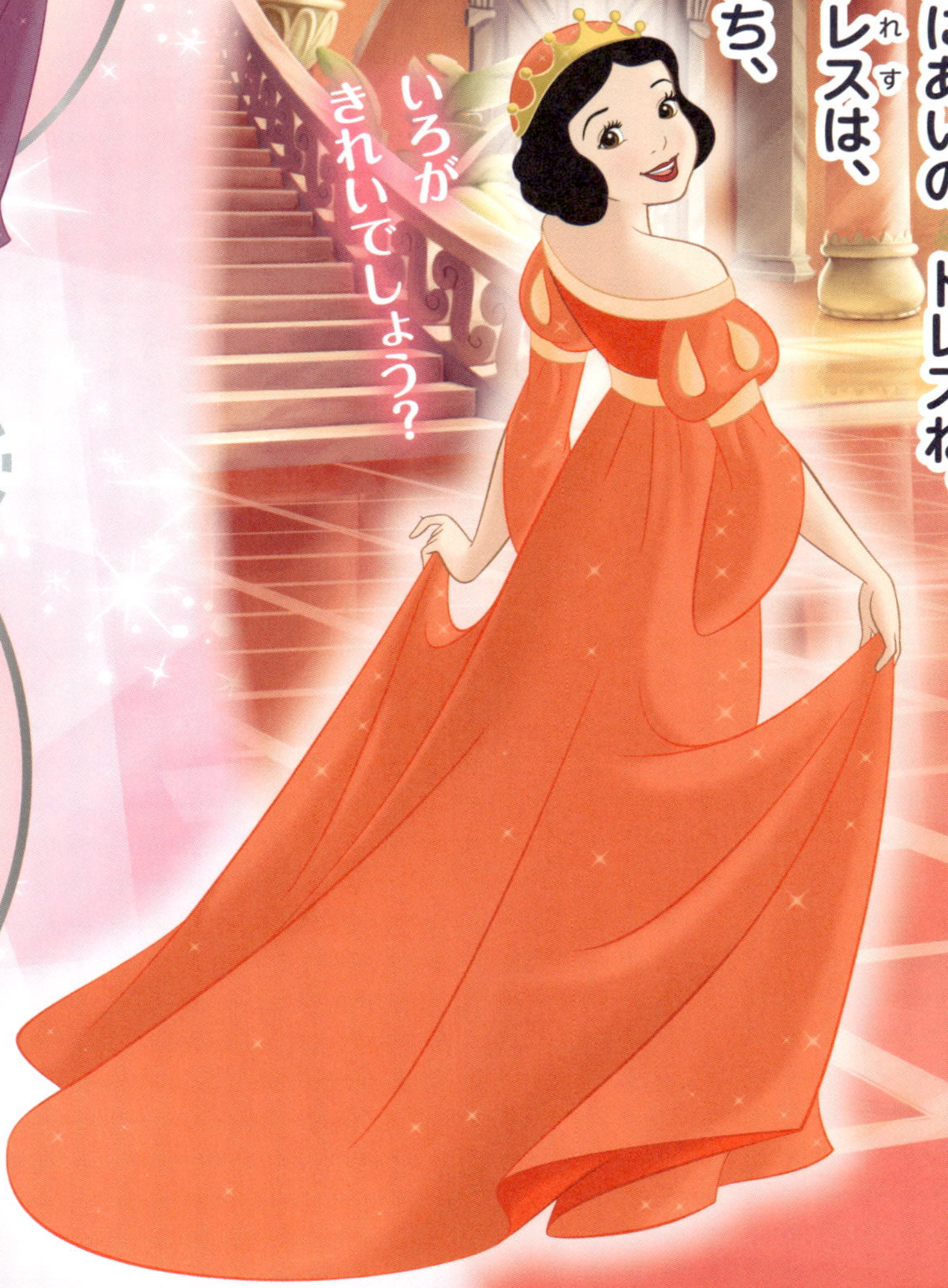

がつ

にち

がんばったね

できたら いろを ぬってね

ドレス《どれす》 どれかな？③

おうちの方へ

上着を脱いだ姿を想像する、少し難しい問題です。スカートの色の組み合わせや柄など、ヒントをたくさん与え、解けたらほめてあげましょう。

がつ

にち

がんばったね

できたら いろを ぬってね

むらさきの うわぎ（ケープ《けーぷ》）を ぬいだら、
アリエル《ありえる》は どんな ドレス《どれす》すがたに
なるかしら？
まるを つけてね。

ドレス《どれす》の がらや
かたちが ヒント《ひんと》よ！